DE L'INDIFFÉRENCE

EN

MATIÈRE POLITIQUE

ET

DES MOYENS D'Y REMÉDIER

PAR

ALFRED BOUGEART

PARIS

LIBRAIRIE FRANKLIN

HENRY BELLAIRE, ÉDITEUR

71, RUE DES SAINTS-PÈRES

ET SAN-FRANCISCO (ÉTATS-UNIS)

AU COURRIER DE SAN-FRANCISCO

—

1874

DE

L'INDIFFÉRENCE

EN

MATIÈRE POLITIQUE

I

J'étais allé faire les vendanges à Boran. C'est un petit village très-pittoresque sur les bords de l'Oise. C'est là que j'avais passé ma première enfance ; que tous les ans je venais en vacances ; qu'aujourd'hui encore j'aime à me reposer des fatigues du professorat. Aussi y compté-je bon nombre de camarades, la plupart petits fermiers, possédant cinq, dix, quinze arpents de terre ; d'autres moins riches à la vérité, mais tous bonnes gens au demeurant, laborieux, sobres jusqu'à se priver du nécessaire, bien plus soucieux d'augmenter leur avoir que de s'enquérir comment on se tire d'affaire ailleurs.

Bien que leur parcimonie poussée à l'extrême soit peu de mon goût, j'ai plaisir à me trouver avec eux ; ils sont si honnêtes après tout ! Si j'utilisais mon séjour, pensai-je, pour faire un peu de propagande politique, pour les attacher à tout jamais à la République? Ce sera difficile, ils ont une horreur si profonde de tout ce dont ils ne sentent pas le profit immédiat! Que dis-je là? Raison de plus pour leur démontrer combien ils se trompent. A l'œuvre donc, c'est le devoir de tout bon citoyen.

J'en rassemble quelques-uns.

— Eh! eh! camarades, voilà que déjà les soirées sont longues! si nous commencions les veillées? On cause, on discute, chacun dit ce qui lui passe par la tête. Il y a toujours quelque profit à faire. Cela vous ira-t-il?

— Volontiers.

— Eh bien, soit; à ce soir, ici même.

— A ce soir.

Dès huit heures nous étions une dizaine.

— Messieurs, la séance est ouverte, fis-je riant.

— C'est comme à la Chambre!

— Avec cela que tu as jamais vu la Chambre, toi.

— Ma foi, non, et je ne m'en soucie guère. La politique, ça ne nous regarde pas, nous autres. Que ce soit Pierre, Jacques ou Jean qui gouverne, c'est toujours tout de même pour nous; il faut toujours payer.

— Et avec cela qu'il fait bon s'occuper de politique. Tu te rappelles 1848. Nicolas en causait avec l'un, avec l'autre. L'affaire du Deux Décembre arrive, les gendarmes débarquent chez lui, on l'emmène à Senlis, et de frayeur sa femme est devenue folle. Et puis, allez vous y frotter. Pas si bête. Tenez, cousin, si vous voulez, nous causerons de toute autre chose. Quand nous nous mêlerions de politique, qu'est-ce que nous y pourrions? Quant à moi, ça m'est aussi indifférent que...

— Indifférent ! et vous croyez que l'indifférence n'a pas ses dangers?

— Je ne sais pas trop en quoi. Quand on reste tranquille chez soi, le gendarme n'a rien à vous dire. Vienne un empereur, vienne ce qui voudra, on n'a rien à craindre ; et je ne vois pas en quoi l'indifférence peut être dangereuse.

— Eh bien, voulez-vous m'écouter quelques minutes seulement ?

— Volontiers, cousin. Mais vous aurez du mal à nous convaincre. On a la tête dure dans le pays.

— Il n'y a pas, mes amis, tête si dure qui ne puisse comprendre, quand on s'adresse simplement à la raison. Une vérité dont il faut vous pénétrer, c'est que la politique est accessible à toutes les intelligences, lorsqu'elle ne veut pas faire de dupes. Ceux qui vous disent le contraire ne parlent ainsi que pour vous détourner de réfléchir sur ce que font les gouvernements ; ils ne redoutent rien plus que de vous voir juger leurs actes ; vous n'auriez qu'à les trouver mauvais, à vouloir changer de maîtres.

— Ça se pourrait bien.

— Vous voyez bien que vous comprenez.

— Parbleu ! c'est clair comme eau de source.

— J'ai cependant, en vous parlant ainsi, commencé à faire de la politique ; il est donc vrai, comme je viens de vous le dire, qu'elle peut être comprise par tout le monde : d'ailleurs, pourquoi vous parlerais-je, si je savais d'avance que vous n'entendrez rien à mes paroles ?

— Il est évident que vous n'y auriez aucun intérêt, ne voulant être ni notre député, ni notre maire.

— Donc, puisque la politique est chose compréhensible, abordons-la sans crainte, et revenons à nos moutons. Vous disiez qu'il était dangereux de s'en occuper; j'ai répliqué qu'il l'était bien plus encore d'y être indifférent.

— Juste.

— Voyons donc quels peuvent être les dangers de l'indifférence en matière de politique. Vous autres Boraniens, vous êtes, entre nous soit dit, quelque peu intéressés.

— Economes... cousin.

— Je ne vous en fais pas un reproche; quoi de plus naturel? Au fond, d'ailleurs, la société n'a été fondée que pour concilier les intérêts de chacun, y faire droit, les sauvegarder. Eh bien! j'espère vous prouver par deux ou trois exemples que rien n'est plus contraire à vos intérêts que l'indifférence.

Et d'abord, qu'est-ce que vous pensez des impôts?

— Qu'ils augmentent tous les jours; que si ça continue, nous ne travaillerons bientôt plus que pour les payer.

— Eh bien, savez-vous combien il y a de sortes d'impôts qui pèsent sur vous? quels sont ceux qui pourraient être enlevés ou amoindris pour rendre la charge moins pesante? que vous êtes bien moins surchargés par les directs que par les indirects? que vous vous apercevez à peine de ceux-ci, et que pourtant ce sont ceux qui vous atteignent à chaque instant? que vous ne buvez pas un verre de vin à Beaumont sans payer quelque chose? Si vous saviez faire ces distinctions, les gouvernements ne décréteraient pas si légèrement tous ces impôts nouveaux dont vous ne soupçonnez ni la destination ni surtout l'importance, parce que vous les payez par parcelles si petites qu'il vous semble que ce n'est rien. Qu'est-ce qu'un, deux, trois centimes sur un litre de vin, sur une livre

de bœuf, sur 50 kilogr. de charbon ? Cependant la dé-
pense revient tous les jours, et calculez ce que cela
tait au bout de l'an. Mais réfléchir sur tout cela serait
faire de la politique, et vous n'en voyez pas la né-
cessité.

Si vous y songiez, vous vous diriez que, ces impôts
indirects pesant sur les matières de première néces-
sité, et chacun de nous consommant à peu près
autant les uns que les autres de ces matières indispensables, les pauvres sont presque aussi surchargés
que les riches, le journalier que madame de Sancy ;
qu'il y aurait peut-être une répartition plus juste à faire.

Mais se dire tout cela, c'est encore faire de la politique, et vous n'en voulez pas. Ce serait bien autre
chose si vous vous demandiez à quoi ils sont em-
ployés. Il y en a de nécessaires, sans doute, mais
il y en a de surperflus aussi. Quand on payait à Na-
poléon III une liste civile de 25 à 30 millions par an,
était-ce bien nécessaire ? Non, évidemment, puisqu'aujourd'hui les affaires ne vont pas plus mal, vont
mieux sans lui, tout au contraire. Quand on payait
des sommes exorbitantes à des sénateurs, à des minis-
res, à des conseillers, n'était-ce pas du superflu, puisque pour des sommes bien moindres on trouverait
force gens propres à faire la besogne, et tout aussi
bien ? Mais, encore une fois, se demander tout cela,
c'est faire de la politique, et l'indifférence vaut mieux,
avez-vous dit.

Pourtant, réfléchissez-y bien, mes amis ; il y a sous
ce rapport quelques abus de moins depuis quelque
temps, à qui le devez-vous ? Aux citoyens qui n'ont
pas cru que l'indifférence en matière de politique fût
ce qu'il y a de mieux, qui ont renversé de force les abus
qu'on ne voulait pas redresser.

— C'est tout de même vrai.

— Commencez-vous à voir que l'indifférence est bien dangereuse, puisqu'elle vous nuit dans vos intérêts les plus chers, puisqu'elle est cause de ruine inévitable ; puisque, poussée à l'exès, elle permettrait à vos gouvernants de vous arracher jusqu'à la dernière bouchée de pain ? Vous croyez que j'exagère ? Est-ce qu'il n'en était pas ainsi avant la Révolution française, alors que le roi, le seigneur, le curé tiraient, chacun de son côté, sur le malheureux ? Mais des hommes dévoués aux intérêts de tous et aux leurs se sont levés, ont revendiqué leur droit intégral à la propriété acquise par le travail, et il a bien fallu que ces extorsions cessassent, que les extorqueurs rendissent gorge.

— Il n'y a pas à dire, c'est comme cela que ça s'est passé ; mon père me l'a répété cent fois.

— Ils comprenaient qu'il y avait danger de vie pour eux à ne pas surveiller les chefs de l'Etat ; que si le grand troupeau humain qu'on appelle une nation va devant lui sans demander où ils le conduisent, ils le mèneront droit à l'abattoir.

— Comme les moutons de M. Caffin, ou les bœufs de M. Jarlet. Quand ils ont bien travaillé, les pauvres bêtes, allons, au marché, et bonsoir.

— Voilà cependant les résultats de l'ignorance, à la fois cause et effet de l'indifférence politique. Mais ce n'est pas tout, mes amis ; permettez-moi d'insister, la question est si grave ! Il n'y a pas dans cette vie que les intérêts matériels à sauvegarder, il y a aussi des intérêts qui touchent au cœur, quand on se sent homme.

Tu as un fils, Joseph ; et vous aussi, Jean, vous en avez un ; et si je ne me trompe les vingt et un ans approchent pour eux, et par conséquent la conscription. Vous est-il indifférent qu'il y ait encore des priviléges pour les riches, qui peuvent se faire remplacer, sans que cela les gène, et que les petits soient irrésistiblement arrachés à leurs mères ? La durée du service ne vous préoccupe-t-elle pas ? Ne désirez-vous pas que ces enfants vous soient rendus le plus tôt possible ? que le régime auquel ils seront soumis soit le plus supportable possible ? Enfin, après la rude expérience par laquelle nous venons de passer, vous est-il indifférent qu'un chef d'Etat, quel qu'il soit, puisse entreprendre une guerre par pur caprice, par intérèt personnel, ou de coterie, et même par étourderie, sans y être préparé suffisamment ? Vous est-il égal qu'on expose vos enfants à une mort certaine, comme on en a vu tant à Reichshoffen ; ou au désespoir et à la honte, comme ces milliers de pauvres prisonniers de Sedan et de Metz ?

Non, tout cela ne vous est pas égal, et pourtant y songer, c'est faire de la politique. Et si vous y réfléchissez sérieusement, je vous le demande, ne vous nommerez-vous pas des représentants qui partagent vos idées à ce sujet, que préoccupent les mèmes craintes ? Et l'opinion générale ne deviendra-t-elle pas bientôt celle du gouvernement, s'il veut se maintenir ? Car, ne l'oubliez pas, les gouvernants n'obéissent jamais mieux à leurs intérèts particuliers que quand les citoyens n'ont pas de volonté arrètée. Dans ce cas, pouvons-nous, en conscience, leur en faire un crime ? avec des déléguants qui ne savent pas ce qu'ils veulent, le délégué peut-il faire autre chose que de se donner un programme à sa guise ?

Eh bien, mes amis, vous paraissez quelque peu interdits ; qu'en pensez-vous, que penseraient vos femmes de tout cela ? Croyez-vous qu'elles ne seraient pas les premières à vous crier : L'indifférence politique en ce cas est un crime. Et vos cœurs de père ne vous le crient-ils pas aussi ? Et que diraient plus tard vos fils, si un jour ils se voyaient victimes de votre insouciance coupable ?

Je dis donc qu'il n'y a pas seulement les intérêts matériels à sauvegarder, mais les intérêts du cœur, et que vous ne le pouvez faire qu'au moyen d'une activité politique de tous les instants, car à chaque instant quelqu'un de ces intérêts est en jeu.

— Vous pourriez bien avoir raison tout de même, cousin ; je regrette de n'avoir pas plus tôt songé à tout cela.

— Et les intérêts intellectuels, faut-il les compter pour rien ?

Vous ne comprenez pas. Je m'explique : J'entends par là la question d'instruction ; que de fois ne vous ai-je pas entendu vous plaindre de ne pas savoir lire ou suffisamment lire, de ne pas avoir seulement les notions premières des sciences les plus indispensables, de ne pouvoir, par ignorance, profiter des découvertes que font tous les jours les hommes de progrès ! Et vous aviez raison ; au moyen de certaines connaissances élémentaires que vous auriez acquises en agriculture, quel progrès ne feriez-vous pas ! et, au moyen de ces progrès, quels profits ! Et si vos fils ne sont pas plus instruits que vous, ne sont-ils pas condamnés comme vous à une pénible médiocrité ?

Qui peut exiger qu'on vous la donne cette indispensable instruction, qu'on la donne à vos fils ? La loi que font vos représentants.

C'est elle qui exigera l'institution de maîtres d'école capables de vous enseigner ces éléments si néces-

saires, qui les rémunérera en raison des connaissances qu'ils possèdent, du zèle qu'ils montreront. Mais
si vous n'imposez pas ce mandat à vos députés,
croyez-vous qu'ils prendront l'initiative de cette me
sure? Vous voyez bien qu'ils ne l'ont pas prise jusqu'ici, ou, s'ils l'ont prise, ç'a été si mollement, que
la question d'instruction primaire n'est pas encore
vidée. Et comment donneriez-vous de tels mandats,
si vous êtes convaincus qu'il ne vous sert à rien de
vous occuper de politique, que l'indifférence est ce
qu'il y a de mieux?

— C'est vrai, nous avions tort.

— Permettez-moi d'insister encore sur un point
bien capital aussi. Je veux parler de l'intérêt religieux.
Il est aussi majeur que les autres, ne vous y trompez
pas. Mais sur cette question de religion, il importe de
distinguer la forme du fond. La forme, ce sont les
hommes qui l'ont imaginée; elle est donc modifiable
à l'infini ; aussi, voyez-vous qu'on pourrait compter
plus de dix cultes différents ; nous avons le mahomé-
'tisme, le judaisme, le christianisme, qui se subdivise
en une infinité de branches, etc, etc.

Mais si la forme change suivant le dogme, le fond
de toutes les religions est le même; c'est là morale.
Voilà ce qui ne se modifie pas, parce que les lois de
la morale sont éternelles, gravées au fond du cœur
par la nature. Dans toutes les religions le vol est
défendu, dans toutes les religions il n'est pas défendu de manger gras le vendredi et le samedi. C'est
que la défense du vol est une loi de la morale, c'est
que l'abstinence est une simple affaire de dogme.

C'est à cause de cette morale, indispensable à tout
honnête homme, à cause de ce fond, commun à toutes
les religions , qu'on leur doit à toutes le respect,

bien qu'on n'en suive pas le culte. Sous ce dernier rapport, chacun choisit à son gré; or la liberté, la justice qui est le respect d'autrui, veulent que nous respections ce choix.

Mais ici encore la politique intervient; elle dit : Tous les cultes sont égaux devant la loi ; c'est-à-dire qu'elle leur donne à tous une égale protection ; elle ne veut pas que l'un empiète sur les droits de l'autre. En a-t-il toujours été ainsi ? Malheureusement non. Les catholiques, qui sont en France la majorité, ont voulu, à certaines époques, être seuls en droit de gouverner les consciences; les protestants, qui sont en majorité en Angleterre, ont fait autrefois des lois exceptionnelles aussi en leur faveur. Aujourd'hui on est plus tolérant ; mais peut-on être sûr que ces faits ne se renouvelleront pas? Oui, à la condition que les citoyens s'en mêleront et diront : Nous voulons que tous les cultes soient égaux, c'est-à-dire à la condition de n'être pas indifférents à la politique.

Tenez, par exemple, croyez-vous que si vous aviez eu cette préoccupation politique , vous n'auriez pas dès longtemps fait passer en loi ce que vous pensez à ce sujet? Que répétez-vous tous les jours ? Que ceux qui croient payent. Que les catholiques rémunérent M. le curé; moi qui ne crois pas à tout ce qu'ils avancent, je ne donne rien. Eh bien, voulez-vous un jour obtenir de ne payer à votre volonté que le culte que vous reconnaissez, l'obtenir paisiblement, légalement? Occupez-vous de politique, mettez la question à l'ordre du jour, et soyez convaincus que, dans moins de dix ans, on vous aura rendu justice.

N'est-il pas insensé, en effet, de négliger de si importants intérêts? Que diriez-vous d'un homme qui se laisserait dépouiller de son bien sans même s'en-

quérir de la perte qu'il éprouve et s'il n'y aurait pas
moyen de l'éviter ou tout au moins d'entrer en com-
position ? Que penser de celui qui, pouvant opposer
une digue aux dévastations périodiques d'un torrent,
négligerait de le faire ? qui, pouvant creuser un canal
de déchargement aux inondations du Nil, préférerait
laisser le fleuve envahir sa propriété ? Les impôts,
justement ressemblent à ces inondations du Nil : bien
distribués, ils fécondent, puisqu'ils servent à des
services indispensables ; mais levés pour des besoins
factices, ils ruinent. Ayons au moins l'esprit de ne
pas nous laisser ruiner sans savoir pourquoi.

Que dirait-on du père de famille que le sort de son
fils ne préoccuperait pas ? on dirait qu'il n'a pas de
cœur ; il serait détesté de sa femme, maudit par son
enfant, méprisé par tous.

Quelle pauvre figure fait à vos yeux celui qui ne
sait ni lire ni écrire, qui néglige de donner à ses
enfants les premiers éléments des connaissances indispensables, qui semble ne vivre que pour lui, qui
vit comme s'il était seul au monde ! ne vous paraît-il
pas digne d'être mis en parallèle avec la brute ? Est-il
témoignage de sottise plus évident que de négliger
les moyens de développer son intelligence ?

Enfin je ne parle pas des intérêts moraux. Celui
qu'ils ne sollicitent pas, non-seulement n'est plus un
citoyen, mais n'est plus même un homme ; il ne
compte plus dans la société ; si l'on s'en occupe, ce
n'est que pour l'éviter.

Vous voyez qu'il est bien vrai, comme je vous le
disais tout à l'heure, que négliger ces intérêts, qui tous
se rattachent à la politique par un côté essentiel, c'est
sottise ; que conséquemment se montrer indifférent
en matière de politique, et surtout se targuer de son

indifférence, c'est se vanter de sa sottise, c'est être doublement sot.

— C'est dur à entendre, mais c'est rudement vrai.

— Si nous avions le temps, mes bons amis, je vous démontrerais qu'il y a vingt autres intérets encore, tout aussi capitaux, qui se rattachent à la politique, dont elle peut être la sauvegarde ou l'ennemie, selon que le citoyen s'en occupe plus ou moins.

—C'est égal, vous avouerez bien qu'il est pourtant, sous un autre rapport, dangereux de s'en occuper; les gouvernants n'aiment pas cela, et l'on a vu plus d'un pauvre diable emprisonné, ruiné, comme Nicolas, pour avoir fait de la politique.

— Je vous remercie de cette objection; peut-être aurais-je oublié d'y répondre, et elle est essentielle

Soyons sincères et ne grossissons pas les difficultés pour donner raison à notre indifférence. Il est bien vrai qu'il fut un temps où la police, institution monarchique, poursuivait quiconque laissait échapper le moindre blâme. Elle aurait voulu surprendre jusqu'aux pensées, mais cela n'était pas possible; la nature les a cachées sous la voûte du front, comme pour dire à l'homme : Je mets ta vie sous la sauvegarde de ta raison, et personne ne pourra t'empêcher de réfléchir.

Mais il ne suffit pas toujours de pouvoir raisonner avec soi-même; les pensées se développent, s'illuminent au contact de celles d'autrui; deux hommes voient plus clair qu'un seul; c'est encore la nature qui l'a voulu en nous destinant à vivre en société. Mais il s'en faut bien que la société qui nous régit soit telle que la voulait la nature, puisque les droits éternels de l'homme y sont violés pour la plupart; puisque le premier de tous, la liberté, nous est mesuré, contesté, refusé.

A nos pères aussi, car il faut toujours revenir à eux comme à nos modèles, à nos pères aussi était refusé le droit éternel de se communiquer tout haut leurs doléances; qu'ont-ils fait? Ils se sont parlé à voix basse, si bien que peu à peu, ces aveux, échangés de bouche en bouche, sont devenus la plainte générale, et un beau jour l'explosion de mécontentement, d'indignation a éclaté. C'est ce que nous appelons la Révolution de 1789.

Ne pouvons-nous plus ce que purent nos pères? Il serait injuste de l'affirmer. D'ailleurs, nous offrons en ce moment la preuve du contraire; nous faisons de la vraie politique, de la politique fondamentale, de la politique qu'on appelle révolutionnaire, et personne ne s'aviserait de nous en empêcher, ne le pourrait. Nous savons qu'aujourd'hui la loi tolère les réunions de moins de vingt personnes; c'est comme si elle disait: Je vous permets de causer, pourvu que vous ne soyez pas trop nombreux.

— Oui, mais cependant.....

— Avouez que les gens poursuivis n'avaient pas toujours observé cette loi, qu'ils s'étaient prononcés dans des assemblées plus nombreuses, ou dans des termes quelquefois violents, outrageants même. A quoi bon? Ne peut-on éclairer sans jeter feu et flamme? faire connaître la vérité sans l'armer d'un poignard? Je suis d'avis, quant à moi, qu'on devrait laisser la liberté pleine et entière de s'assembler, de discuter; mais de ce que cette liberté nous est refusée, s'ensuit-il qu'il n'y ait plus moyen de s'entendre? Plus le cercle est restreint, au contraire, plus nous sommes sûrs les uns des autres, moins il y a de dangers, j'ose dire même qu'il n'y en a pas du tout. C'est donc un pitoyable argument que d'alléguer qu'il faut bien se montrer indifférent, parce qu'il en coûterait trop d'oser parler, d'oser se communiquer ses griefs.

L'Empire avait essayé de nous faire reculer, sous ce rapport, jusqu'aux siècles passés; il lui a fallu céder vers la fin de son règne, voyant bien que tant que l'homme penserait librement, tant qu'on ne pourrait empêcher deux citoyens de se communiquer leurs réflexions, c'était une puérilité tyrannique et absurde de prétendre le contraire.

— Mais savez-vous bien, cousin, que l'indifférence me fait l'effet d'être de l'égoïsme tout pur? et de l'égoïsme le plus mal entendu qu'on puisse imaginer?

— En effet, s'il est vrai, comme nous l'avons démontré, que nos intérêts supérieurs soient liés à la politique, quel plus sot égoïsme que de croire qu'on puisse les sauvegarder et même qu'on ne les sauvegarde jamais mieux qu'en ne se mêlant pas à l'action politique de ses concitoyens? Est-il rien de plus honteux que de profiter des efforts de nos devanciers et de ne pas seconder ceux de nos contemporains? que de compromettre l'avenir de nos descendants par notre inaction? Surtout lorsqu'on réfléchit que le devoir de recouvrer ses droits devient si facile quand tous y concourent, et si dangereux quand on l'abandonne aux âmes ardentes que leur petit nombre expose à périr dans l'entreprise, comme cela s'est vu si souvent. Un chariot doit remonter une pente rapide; que chacun pousse de la main, et tous arriveront au faîte sans efforts; qu'un petit nombre seul s'y engage, et ceux-ci seront infailliblement écrasés par le recul. Tant pis pour eux, dit l'égoïste, en se jetant de côté. Imbécile, tu espères te tirer tout seul d'affaire, mais tu n'échapperas pas à la **détresse** de ceux que tu as lâchement abandonnés. Oui, l'impôt mal réparti te prendra aussi ton argent; oui la conscription te prendra ton fils; tu ne peux te sauver qu'avec les autres, sous le drapeau de la solidarité. L'égoïste est le soldat qui prend la fuite et compromet ainsi le salut de ses camarades, mais la déroute générale entraîne sa mort aussi.

La désertion, d'ailleurs, a moins d'excuse que jamais, depuis que les difficultés se résolvent dans une simple question de nombre, au moyen du suffrage universel. Il ne s'agit plus que d'apprendre à manier l'arme nouvelle, de telle sorte qu'elle n'éclate pas dans les mains; c'est à quoi l'indifférent s'expose, puisqu'il peut par ignorance voter contre ses propres intérêts. Le triomphe n'est plus qu'une affaire de discernement, et il refuse d'apprendre à voir, à savoir ce qui peut lui être utile! Est-il rien de plus insensé?

Mais laissons là ce côté sordide et stupide de l'égoïsme humain; et reportons-nous à une autre considération.

Que de fois ne vous êtes-vous pas plaints de vos représentants, de vos gouvernants! Que de fois ne vous a-t-on pas répété : Il faut que le peuple se gouverne lui-même! Qu'est-ce à dire? Assurément cela ne signifie pas que tous seront gouvernants, ce qui serait absurde; mais que tous, comme dans une bonne association, seront capables de surveiller les gouvernants, ou, si vous aimez mieux, le conseil d'administration; que tous pourront juger ses actes, les rectifier au besoin, avoir voix au conseil; en un mot cela signifie que personne ne sera étranger à la politique, aux lois de l'économie sociale. Comment arriver à ce résultat? en faisant son éducation politique! Quoi! on ne veut pas être gouvernés, c'est-à-dire menés comme un troupeau au gré du berger, et l'on ignore ce qu'il faut pour se bien conduire, pour être bien conduits; quel non-sens! On comprend l'impatience, mais à la condition de pouvoir mieux faire ; on comprend la revendication des droits, mais à la condition d'en connaître toute l'étendue, de savoir quels devoirs en sont les conséquences. Si nos révolutions jusqu'ici ont avorté tant de fois, c'est qu'il n'y avait que des aspirations et pas de connaissances suffisantes. C'est l'ignorance qui nous fait, au lendemain des révolutions, choisir de mauvais guides, prendre pour des gens aptes des bavards, des charlatans, des intrigants, des ambitieux; c'est l'ignorance qui nous laisse, au lendemain de la victoire, les mains vides, la tête vide, qui nous fait demander : qui veut la place? Donc, si vous ne voulez plus être gouvernés, sachez vous gouverner, et pour cela mettez-vous dès à présent à l'école. Apprenez, réfléchissez, comparez. Mais pour cela il ne faut pas dire : que m'importe la politique, ce n'est pas mon affaire. Et de qui donc serait-ce l'affaire? De ceux qui vous exploitent? Aussi applaudissent-ils à cette indifférence, vous y encouragent-ils, et vous ont-ils laissés dans l'ignorance qui y plonge sans ressource.

— Encore une fois, c'est compris. Mais dites-nous, cousin, quels moyens d'en sortir? Nous dire en général : Ne soyez pas indifférents; c'est parfait; mais comment ferons-nous pour acquérir les connaissances qui, elles-mêmes, rendent l'indifférence impossible?

II

—Les moyens d'échapper aux funestes conséquences de l'indifférence politique sont plus à la portée de chacun qu'on ne s'imagine généralement. Ce n'est pas sans dessein qu'on fait de l'homme d'Etat un personnage presque surhumain. Rien de plus faux. Les plus grands hommes en ce genre ont toujours la politique la plus simple dans ses moyens. Cette science ne se complique que quand elle devient le synonyme d'astuce, que quand elle sert un intérêt personnel, un intérêt dynastique ou de parti. Turgot était plus grand que Talleyrand; vous apprendrez plus tard combien sa politique était à la portée de tous; une demi-heure suffirait pour vous en faire l'exposé; celle de l'autre est un dédale dont on ne peut sortir.

Encore une fois la saine politique est ce qu'il y a de plus simple. Donc, puisqu'elle peut être apprise, le premier moyen de n'y être pas étranger, c'est de le vouloir. Vous avez la ferme volonté, dites-vous; tant mieux, car je puis vous affirmer que vous avez le principal. La volonté en cette matière, c'est comme la foi en religion, c'est le point de départ sans lequel pas de salut possible. A compter de ce moment l'indifférence est vaincue, la lumière va se faire. La lumière va se faire! qu'est-ce à dire? Cela signifie que la volonté serait impuissante si elle n'était pas éclairée. Par quoi? par l'instruction publique. Où se puise cette instruction? dans les faits et dans les livres. Qu'entendons-nous par les faits? ce qui se passe autour de nous. Nous avons devoir de nous enquérir des lois qui sont votées, des motifs qui les ont déterminées, des ordonnances particulières, de quelque part qu'elles viennent, qui en sont l'application. Nous devons nous demander si ces ordonnances ne sont pas arbitraires, c'est-à-dire opposées à la loi; nous devons rapprocher les lois de la constitution et voir si elles n'en sont pas le démenti, rapprocher la constitution des droits de l'homme et voir si elle n'en est pas la violation.

Rien ne doit être ignoré non plus des moindres actes, votes ou paroles de vos représentants ; de la nature et de la limite des institutions qui vous sont imposées, ou que vous avez acceptées sans en bien connaître la portée ; de tous les rouages qui constituent la grande machine qui vous engrène quand vous ne la dirigez pas ; des droits et des devoirs de vos magistrats, de vos préfets, de vos maires, de vos conseillers généraux ou départementaux, de vos propres droits et devoirs surtout.

. — Fort bien, mais où apprend-on tout cela ?

— Dans les écrits qui ont trait à la politique courante, les journaux, par exemple. A ce propos j'ai hâte de vous faire une réflexion, de vous signaler un danger. Sans doute ce sont les journaux qui vous mettront au courant de tous ces détails de la science politique, parce que c'en est le but principal ; mais tenez-vous en garde contre les réflexions des journalistes, qui peuvent être bonnes assurément, mais qui sont en général empreintes du parti pris des intéressés. Alors rien de plus injuste que leurs appréciations : rien de bon pour un légitimiste de ce que fait un gouvernement républicain ; rien de bon pour celui-ci de ce qu'a fait la monarchie. Pitoyable polémique, propre tout au plus à vous désorienter du juste, à faire des hommes de parti. C'est pourquoi, je vous le répète, relevez surtout ce qui a trait aux faits, je veux dire à la connaissance de ce qui se passe autour de vous.

Habituez-vous à n'être plus les hommes de tel ou tel journal, mais à rester vous-mêmes en vous faisant vos propres opinions ; que la polémique, je veux dire

la petite guerre des individus aspirant à gouverner
contre les gouvernants ou des gouvernants entre eux,
soit votre moindre préoccupation; c'est ainsi que
votre volonté s'éclairera, et, en s'illuminant, de-
viendra plus ferme; c'est ainsi que vous vous éle-
verez à la hauteur du vrai citoyen; et soyez convaincus qu'on ne rira plus de la qualification quand on
la verra portée par de pareils hommes.

Donc avant tout il vous faut un journal. Quoi de plus
aisé? Vous êtes dix, je suppose.

— Oh! nous serions bien vingt, s'il le fallait.

— Dix me suffisent, pour le moment. Vous faites le
sacrifice de cinquante centimes par mois chacun; total :
soixante francs en un an. Avec cette somme vous avez
un journal, que vous vous prêtez les uns aux autres
dans les longs jours de travail aux champs, que vous
lisez ensemble dans les veillées, d'après lequel vous
vous faites une opinion à vous. Je voudrais que ce journal ne fût pas toujours le même, de peur de vous voir
tomber trop exclusivement dans sa manière de juger
des choses. Les journaux de l'opposition monarchiste,
par exemple, me paraissent tout aussi utiles à con-
sulter que les autres. Vous apprenez ainsi ce que pen-
sent tous les partis et ce qu'il faut en penser; c'est à
cette condition que vous resterez indépendants et jus-
tes. Une bonne observation ne peut-elle venir d'un
ennemi? Eh bien! est-il un seul de vous qui ne puisse
faire ce sacrifice? Trois pipes de moins par se-
maine!

— Oh! vous plaisantez, cousin.

— Attendez, mes amis, ce n'est pas tout. Je vous
demande encore un autre sacrifice d'argent.

— Ah! diable!

— Les journaux ne vous mettraient au courant que

de ce qui se passe tous les jours, mais c'est la science qui importe. Ce n'est guère que dans des livres spéciaux que vous apprendrez quels sont vos droits, quelles institutions ils exigent, quelles lois d'application ils réclament; quels sont les pouvoirs d'un Etat bien réglé, quelles sont les attributions de ces pouvoirs, quelle en est l'étendue, la limite, etc.

Seulement, je dois vous confesser mes amis qu'il y a peu de ces traités acccessibles à des intelligences encore peu habituées à ces études. Mais s'il n'y en a pas, c'est votre faute.

— Comment? comment?

— Quand vous allez au marché de Beaumont, quelles marchandises y trouvez-vous? Celles qui font besoin. Jusqu'ici, par indifférence, vous ne demandiez pas ces livres élémentaires; jusqu'ici les gouvernements mettaient un obstacle à la propagande de ces études; les livres ne se sont pas faits, les auteurs n'y étaient pas invités. Mais que vous en ressentiez le besoin, que vous demandiez cette marchandise, et les traités viendront demain, dès ce soir. C'est comme dans l'Evangile, demandez et vous recevrez. Il ne manque pas d'individus prêts à se mettre à l'œuvre. Encouragez par la demande ces efforts particuliers, et ils se multiplieront à l'infini.

— Rien de mieux, puisque c'est notre intérêt.

— C'est à cette fin que je vous disais : Il faut encore un sacrifice. Il suffirait de 25 centimes en tout, deux liards par jour; vous êtes sauvés à tout jamais de l'oppression, de l'exploitation, de la ruine, qui sont les conséquences de l'ignorance, résultat elle-même de l'indifférence politique des masses; vous avez la bibliothèque du citoyen.

— C'est vrai, cousin, c'est vrai.

— C'est tout pour le déboursé, mais il faut autre chose encore.

— Nous sommes prêts.

— Si chacun de vous se contentait de lire son journal à part soi, s'il étudiait son livre isolément, il pourrait y avoir maintes questions qu'il ne comprendrait pas du tout, ou qu'il comprendrait mal. Il faut rectifier ces erreurs involontaires. Comment? Par l'étude en commun. On lit un article ou bien une page, on s'arrête, on cause sur le sujet en question, on voit si l'on est tous d'accord, si l'on reste dans les principes. Peu lire, mais bien lire ; voilà la règle. Tout étudier en commun le plus possible ; la nature ne semble-t-elle pas l'avoir voulu en nous donnant la parole, moyen de communication ?

— Nous le ferons.

— Une dernière prescription et je vous tiens quittes.

Si vous ne vous occupiez qu'à vous dix de politique, ce serait beaucoup déjà, mais serait-ce suffisant ? Evidemment non. Ce qu'il faut, c'est que la politique devienne la préoccupation de tous, si c'est possible, puisque c'est à cette condition qu'elle s'imposera, au moyen du suffrage universel, à ceux qui, jusqu'à présent, vous ont imposé la leur. Donc vous avez besoin de faire des adhérents, de prouver aux autres, comme je viens de le faire pour vous, combien l'indifférence en matière de politique a de dangers, combien elle nuit à leurs plus chers intérêts ; besoin de leur montrer quels sont les moyens d'y remédier. Il faut que vous fassiez pour ainsi dire un catéchisme du citoyen.

— Si vous prépariez ce petit travail, pour que nous n'oubliions pas tout ce que vous venez de nous dire?

— Volontiers. Tout aussi bien une société appelée

la *Ligue nationale* et composée de patriotes français résidant en Amérique (côte du Pacifique) vient de mettre au concours : le traité de *l'Indifférence en matière politique*. Ainsi, par d'autres ou par moi, vous ne pouvez manquer d'avoir le travail.

Désormais donc les indifférents n'auront plus d'excuse.

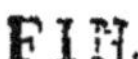

FIN.

Clichy. — Impr. Paul Dupont et Cⁱᵉ, rue du Bac-d'Asnières, 12.